ARABISCHES
Schreib Alphabet
für Kinder

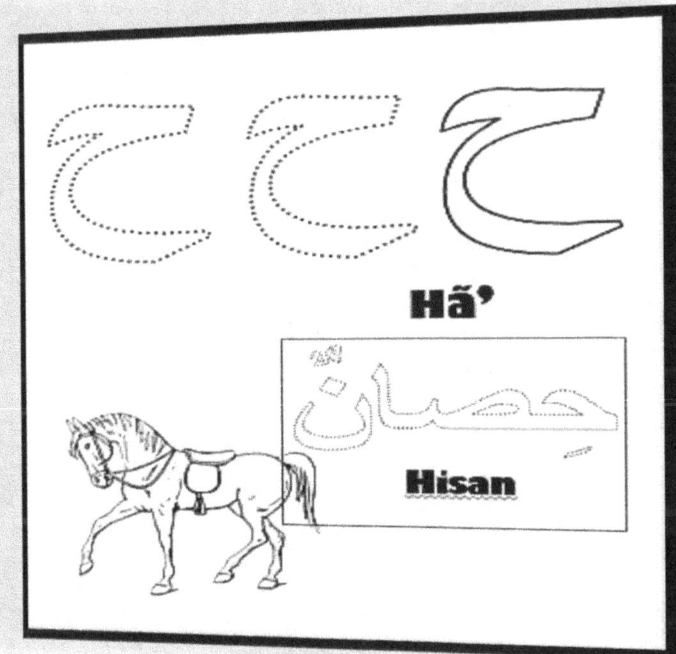

MAHER BEN

Alif

Asad

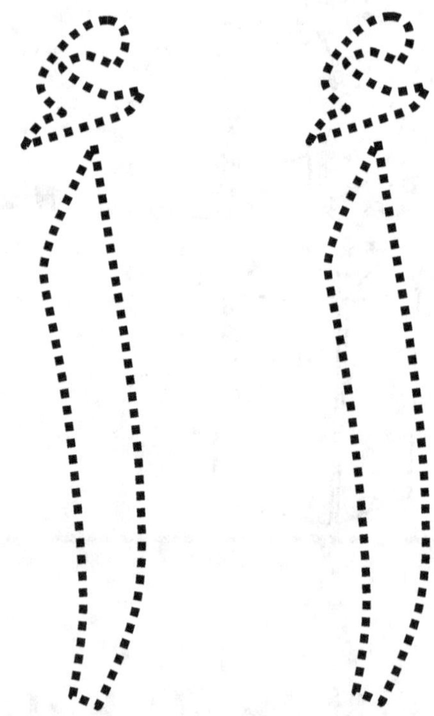

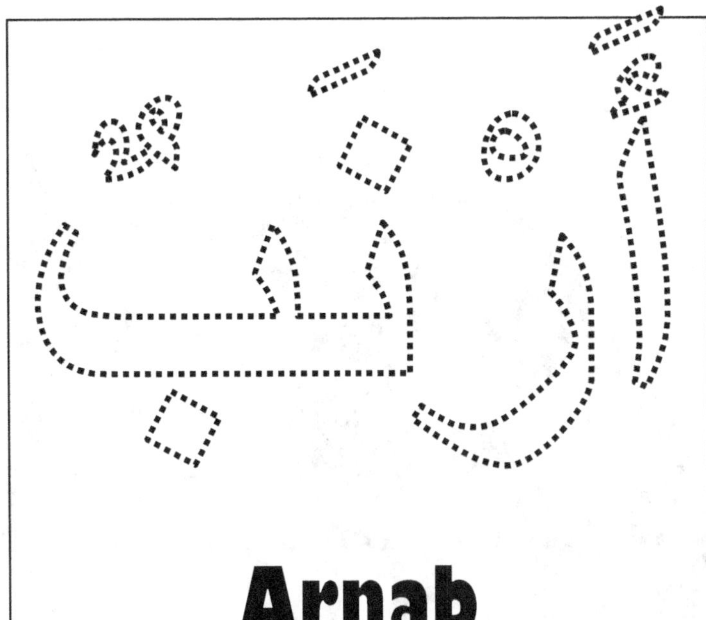

Arnab

Atfal

بـ

بَ

bã'

Baqara

Bab

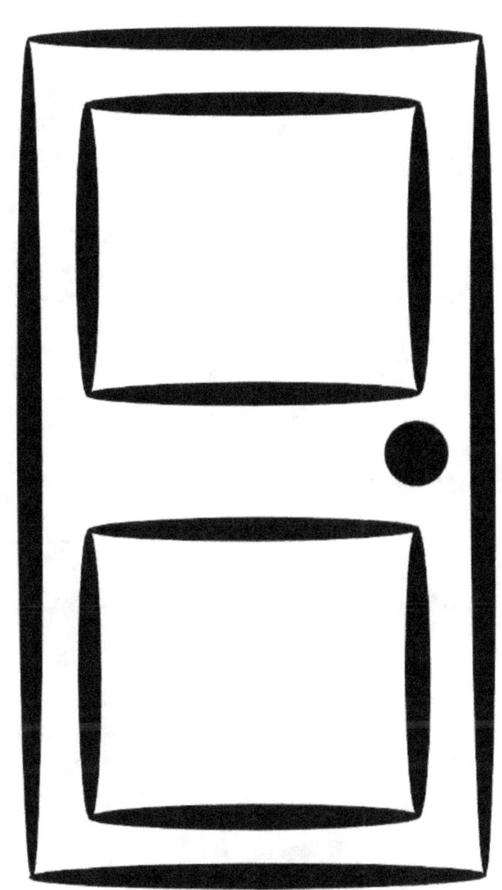

Batt

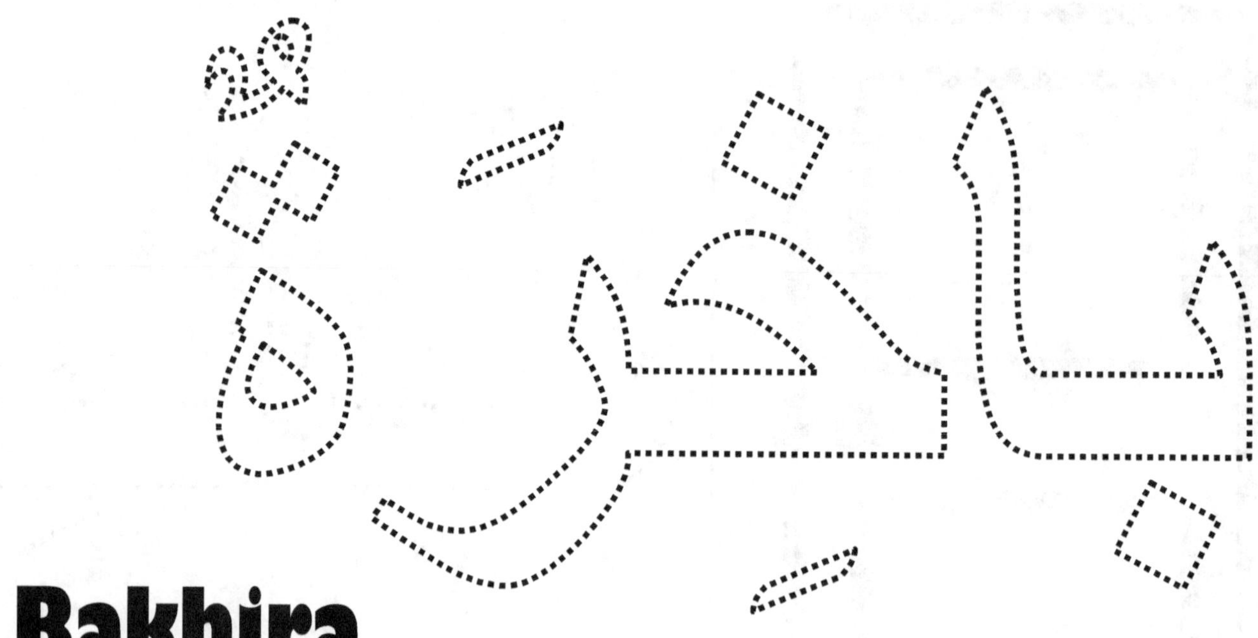

Bakhira

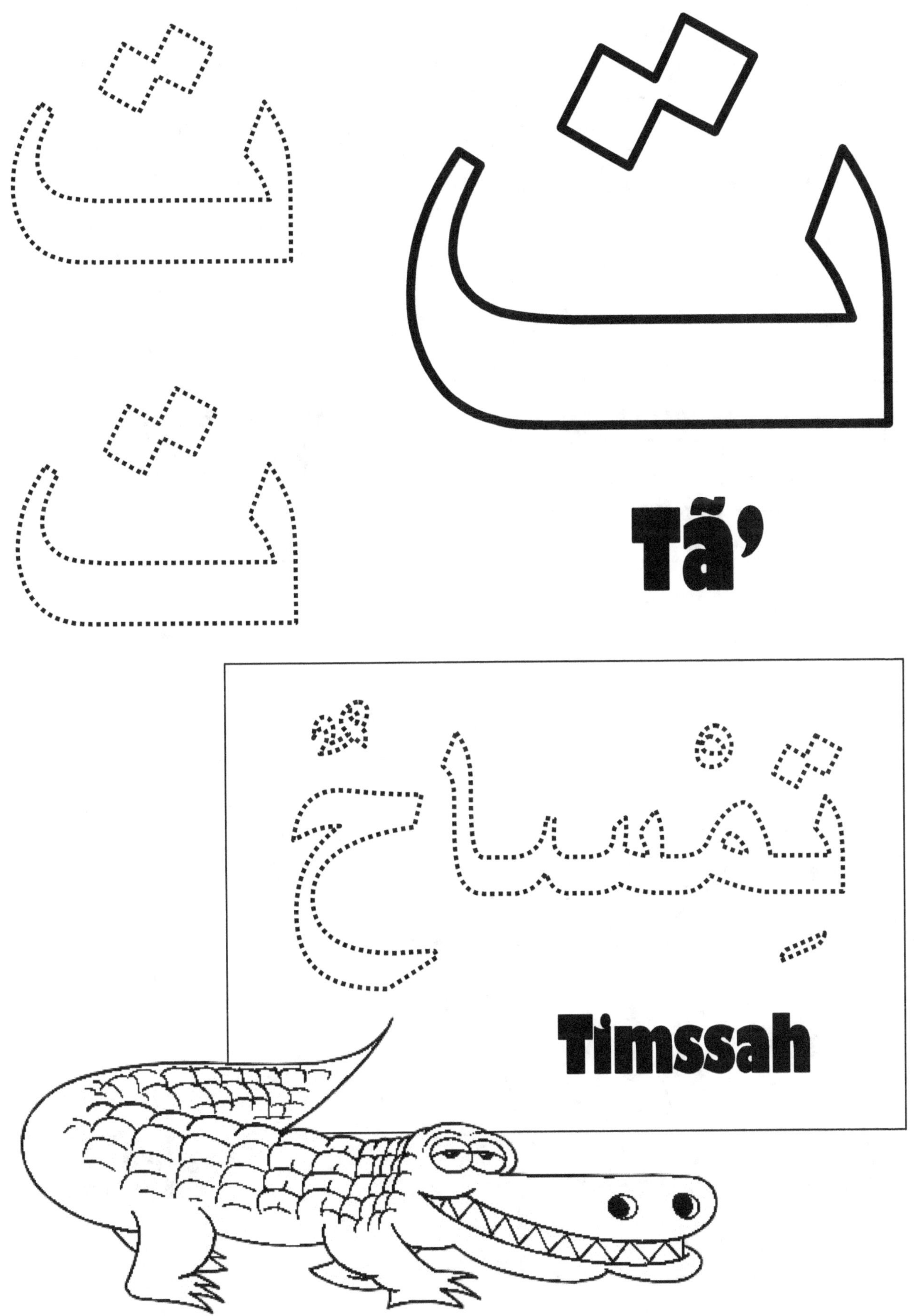

Tã'

Timssah

Tilfaz

Tofah

Tout

Taj

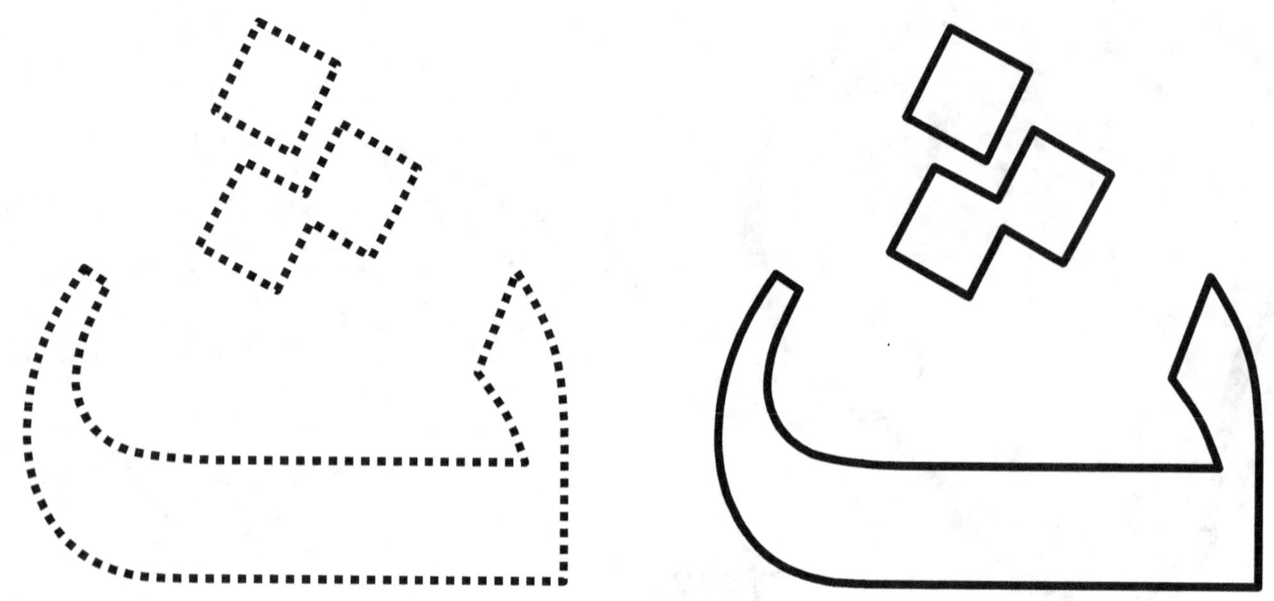

Thã'

Thawr

ثَعْلَب

Tha'elab

ثَوْم

Thom

ح ح ح

Hã'

Hisan

حِذَاء

Hidhae'

حَلِيب

Halib

حَيَوَانَات
Hayawanat

Jïm

Jamal

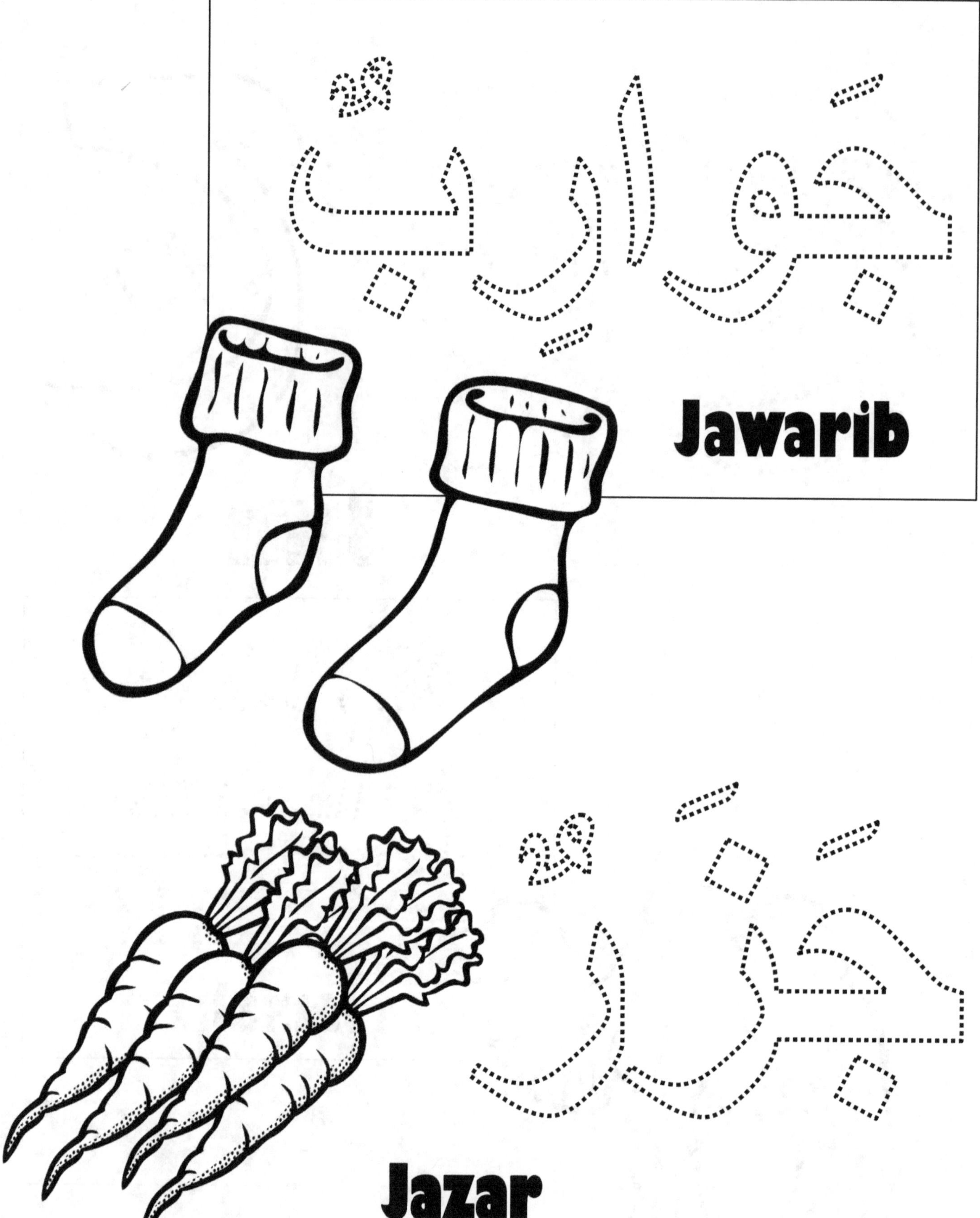

جَوَارِبُ

Jawarib

جَزَر

Jazar

Jibal

Khã'

Kharoof

Khobz

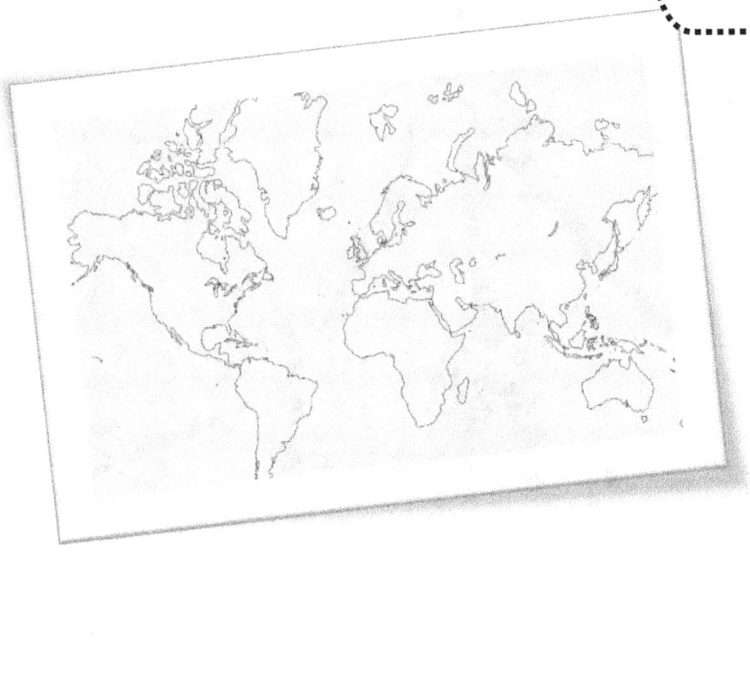

Kharita

خَيْمَة

Khayma

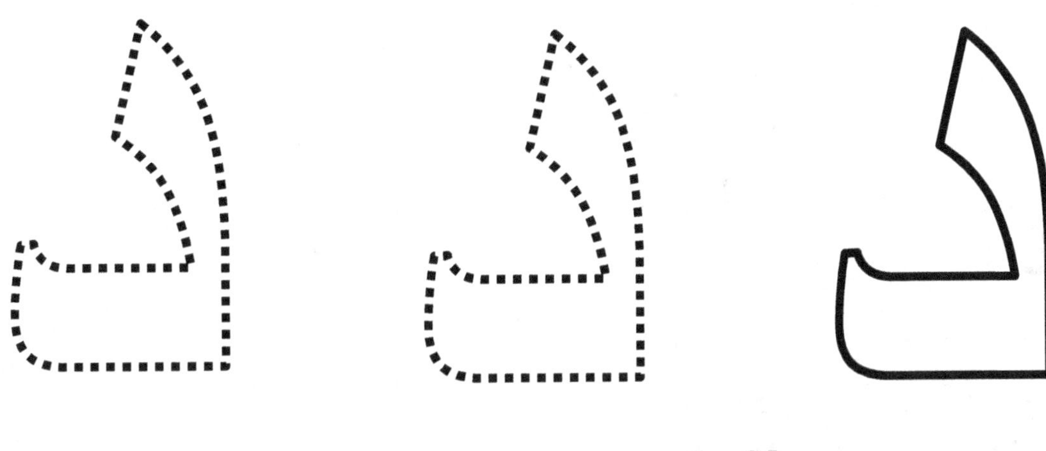

Dãll

Daraja

ديك
Dik
دودة
Doda

دار
Dar

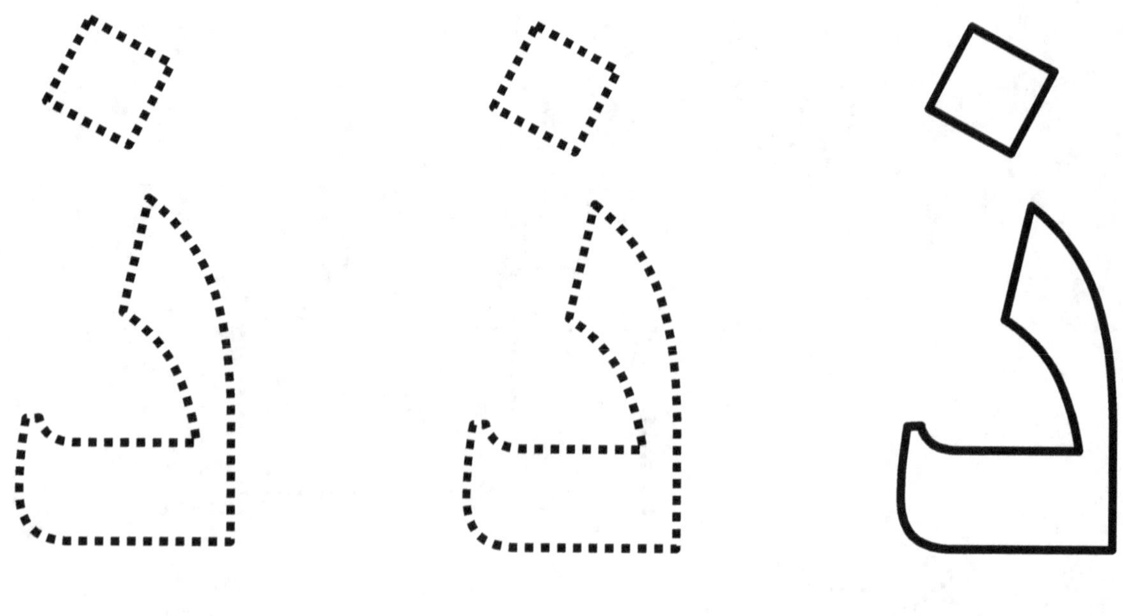

Dhãll

Dhi'eb

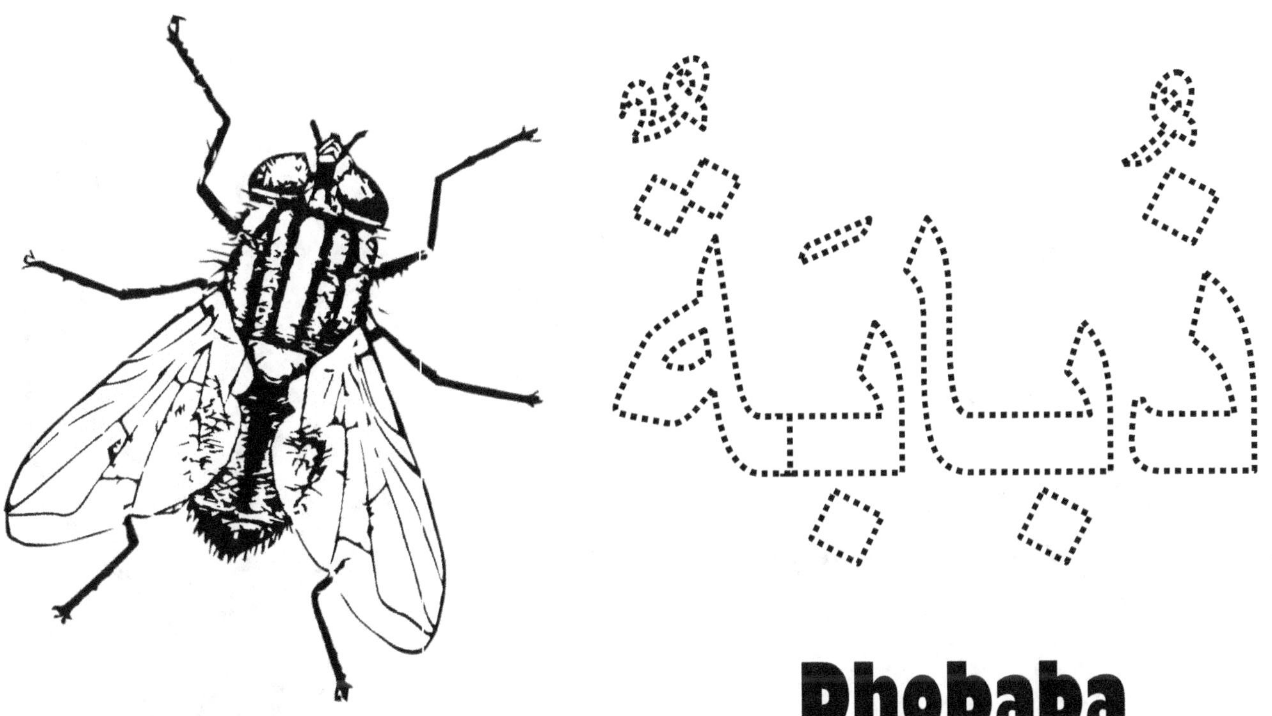

ذُبَابَة

Dhobaba

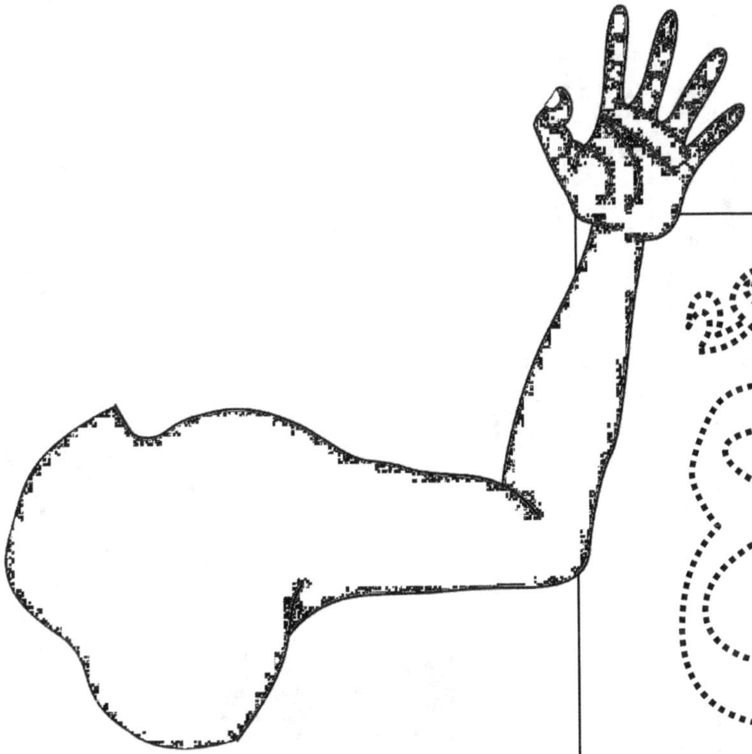

ذِرَاع

Dhirae

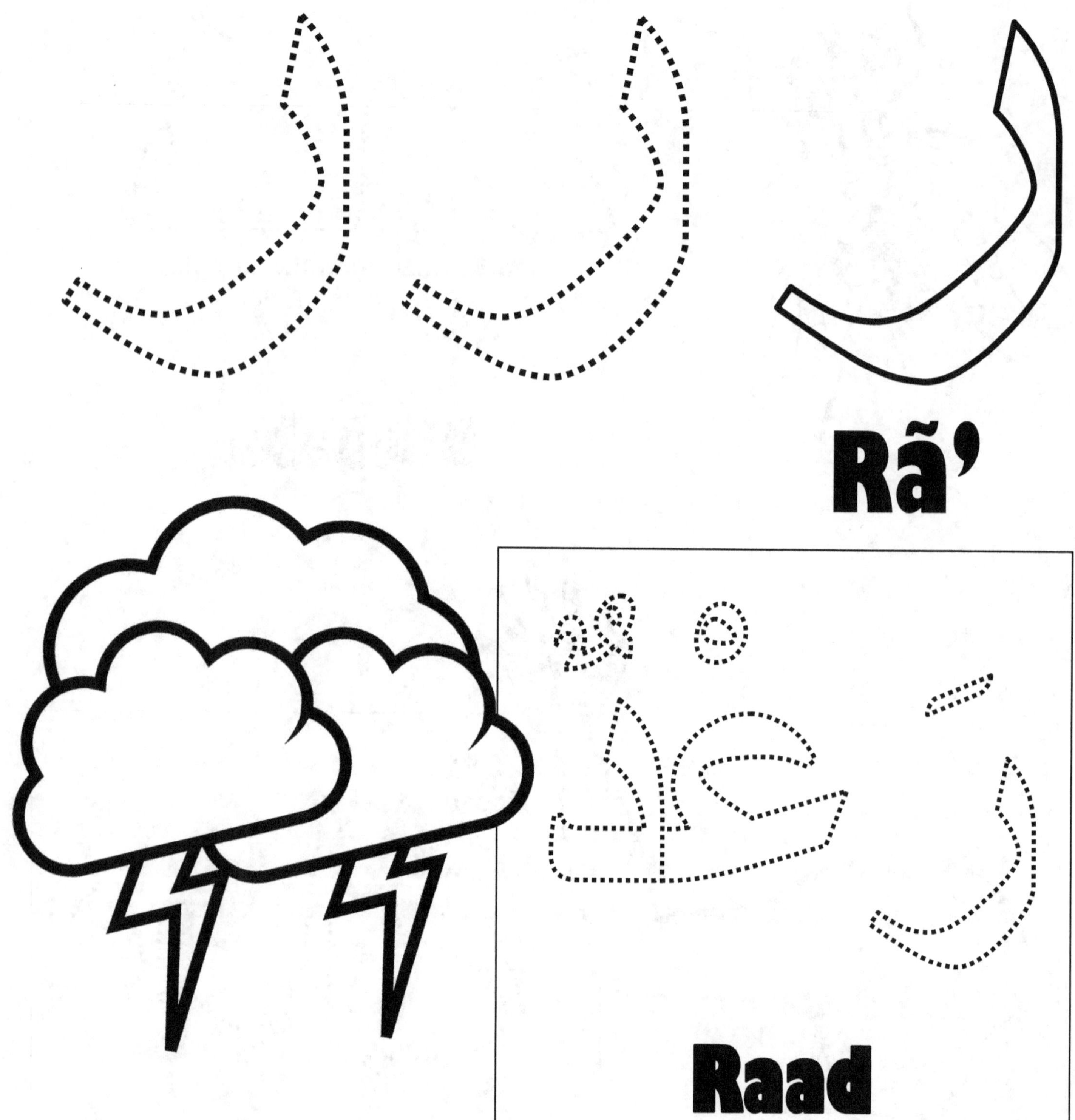
Rã'
Raad

Radie

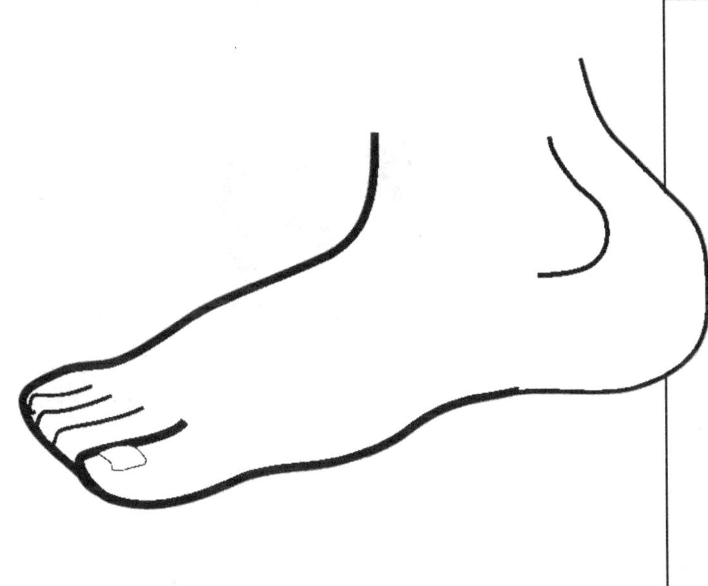

Rijl

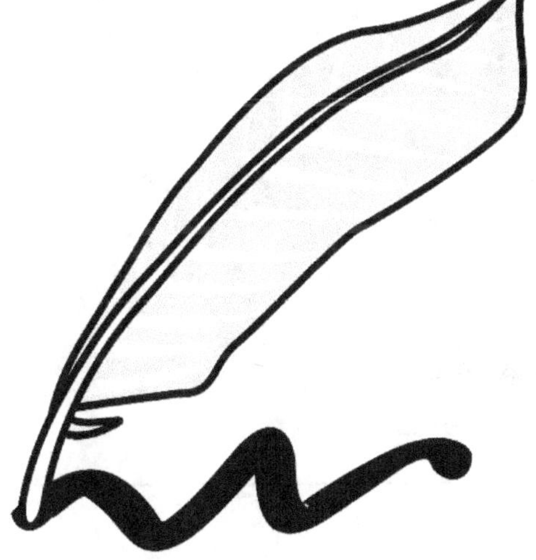

Richa

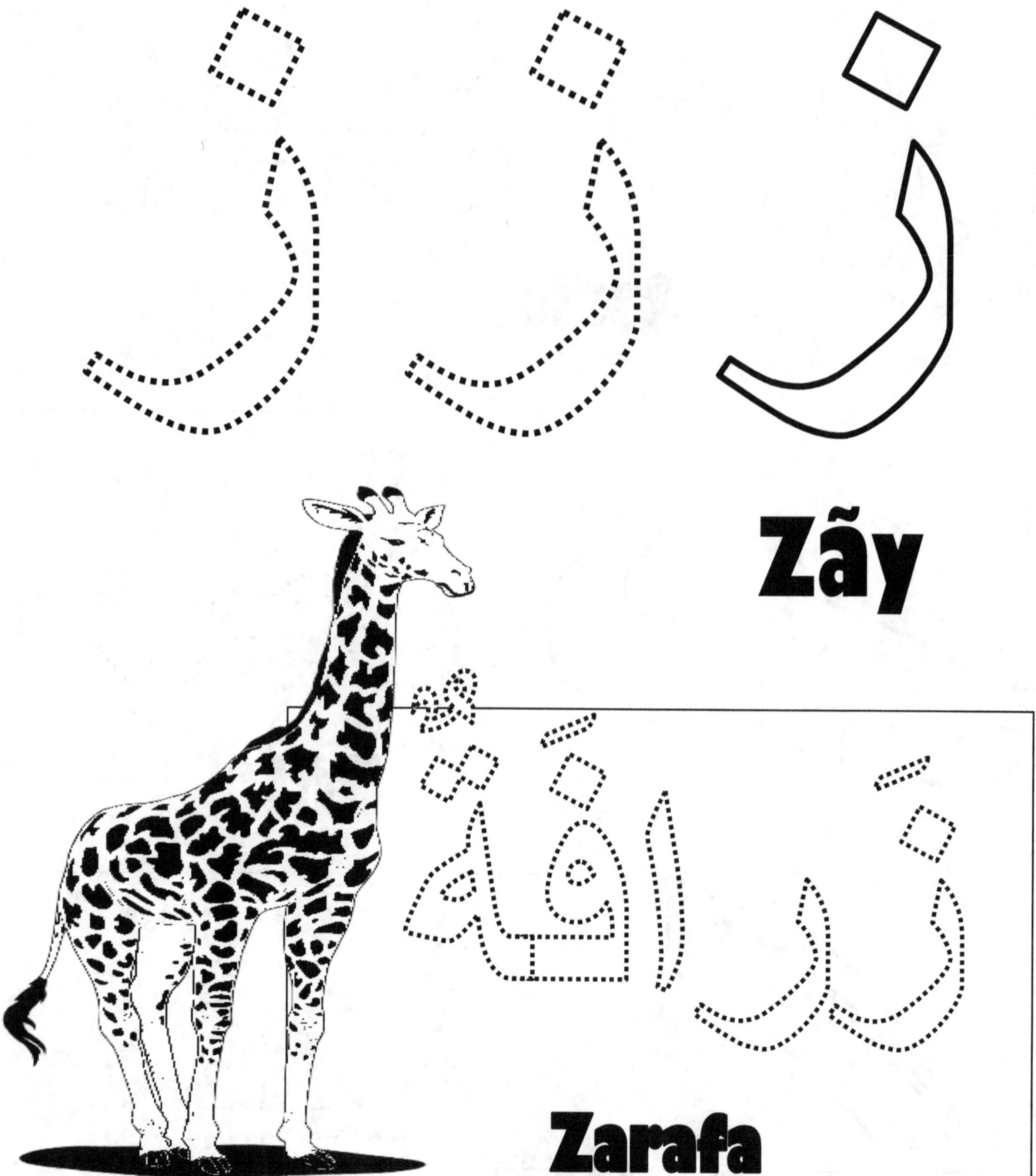

Zãy

Zarafa

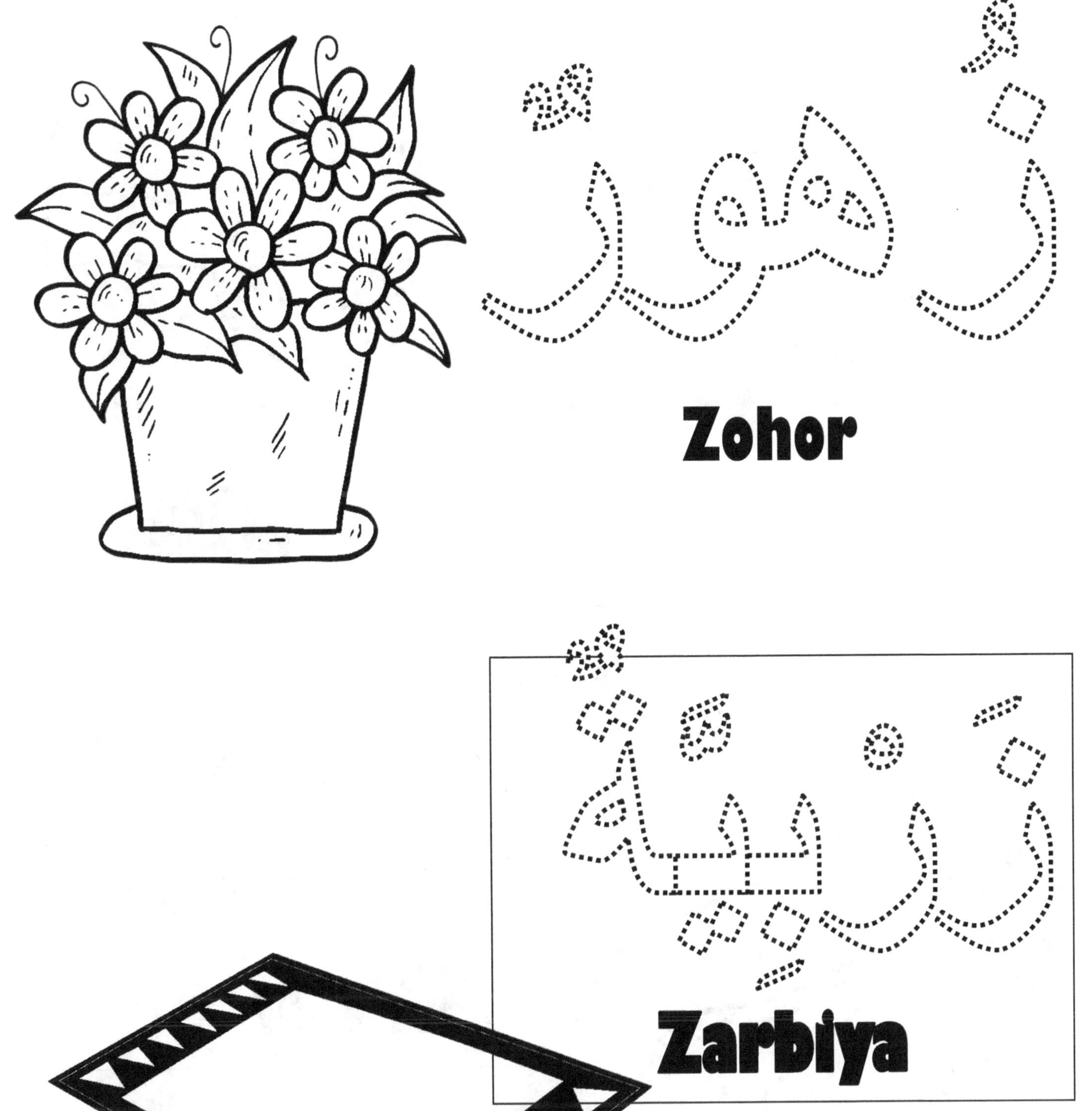

زهور

Zohor

زربية

Zarbiya

Sïn

Sirwal

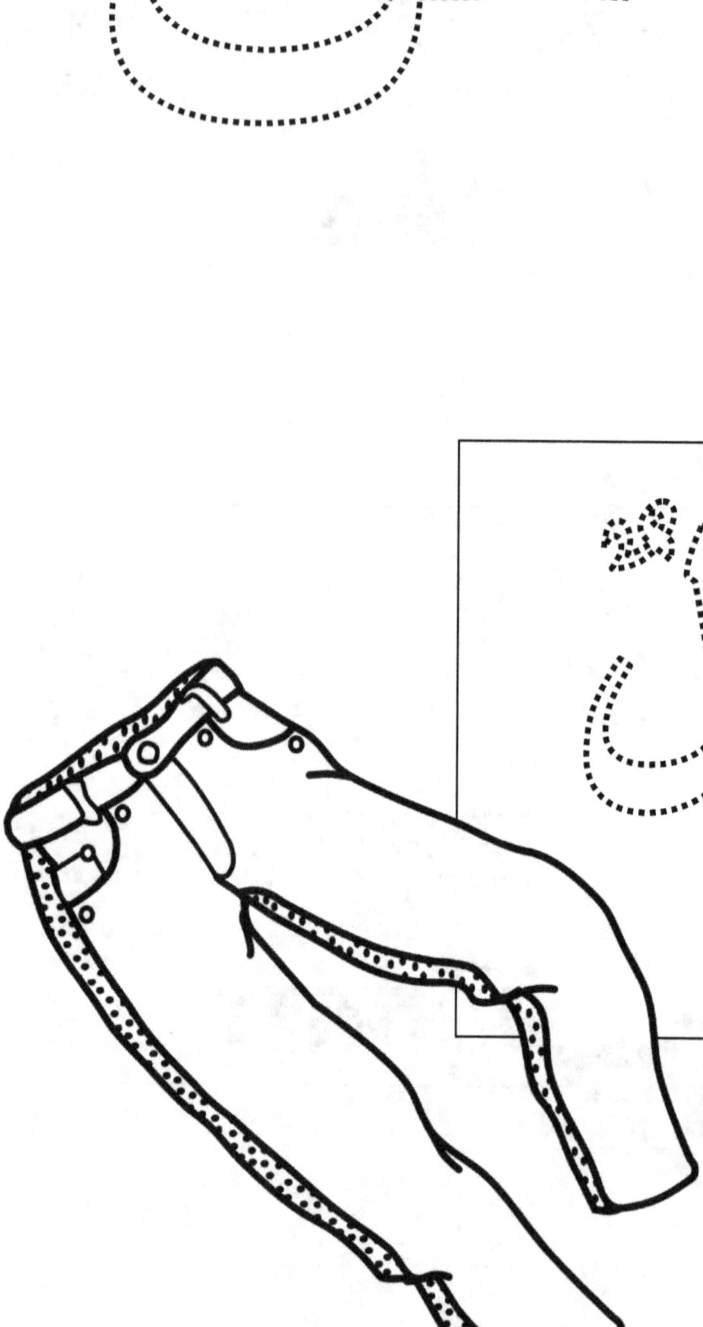

Sayara

Sa'aa

Samaka

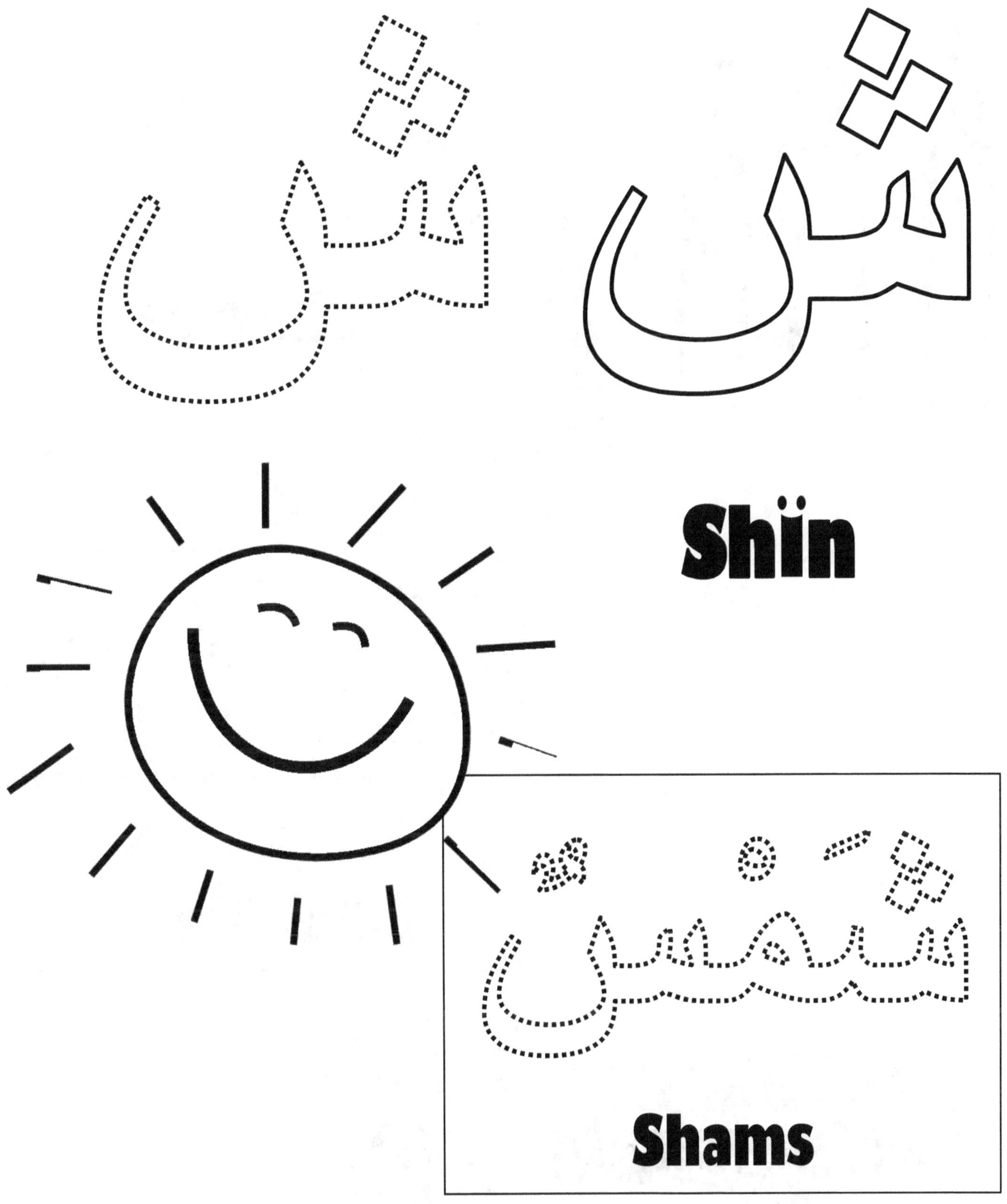

Shïn
Shams

شُمُوع

Shomoe

شَاحِنَة

Shahina

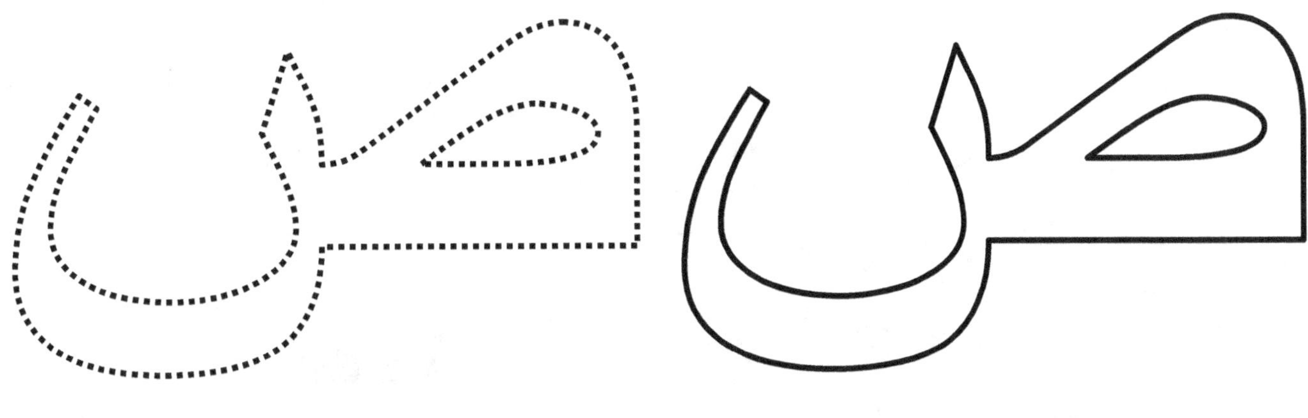

ص

Sãd

Sondook

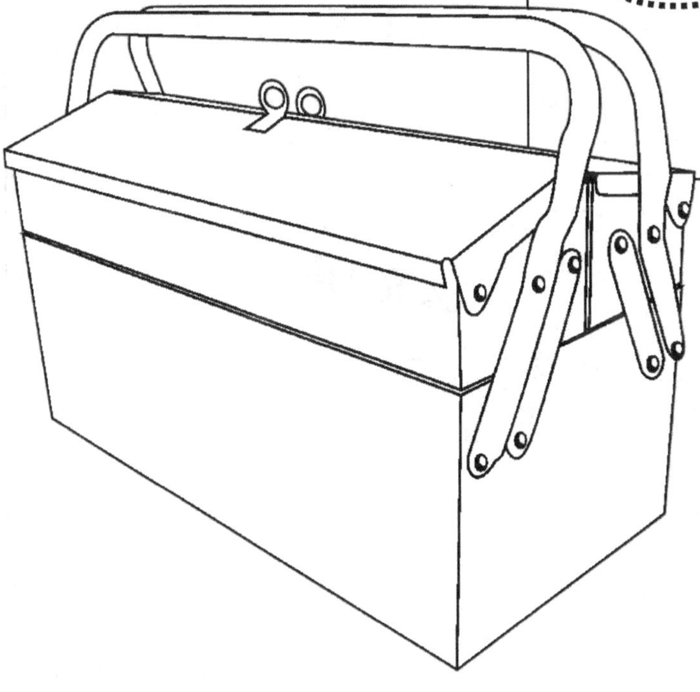

Soos

Saff

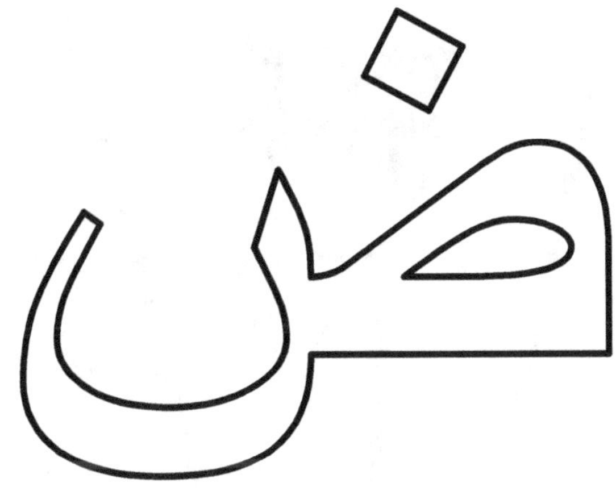

Dãd

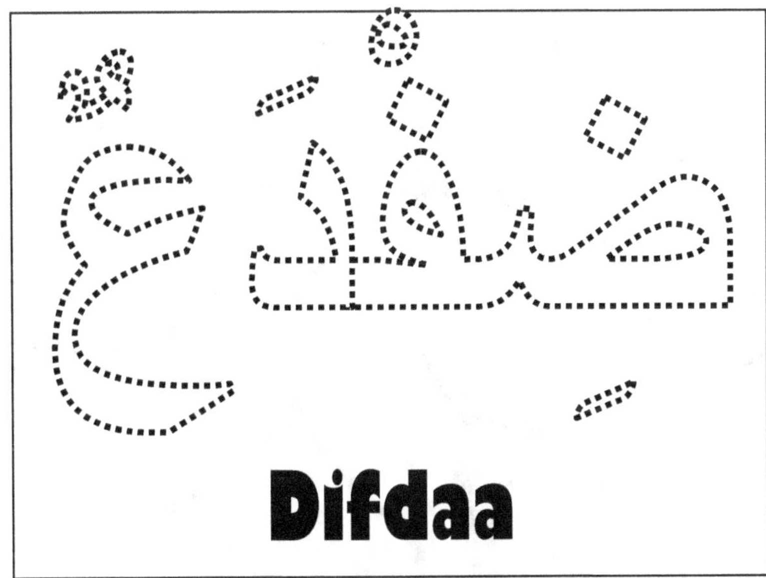

Difdaa

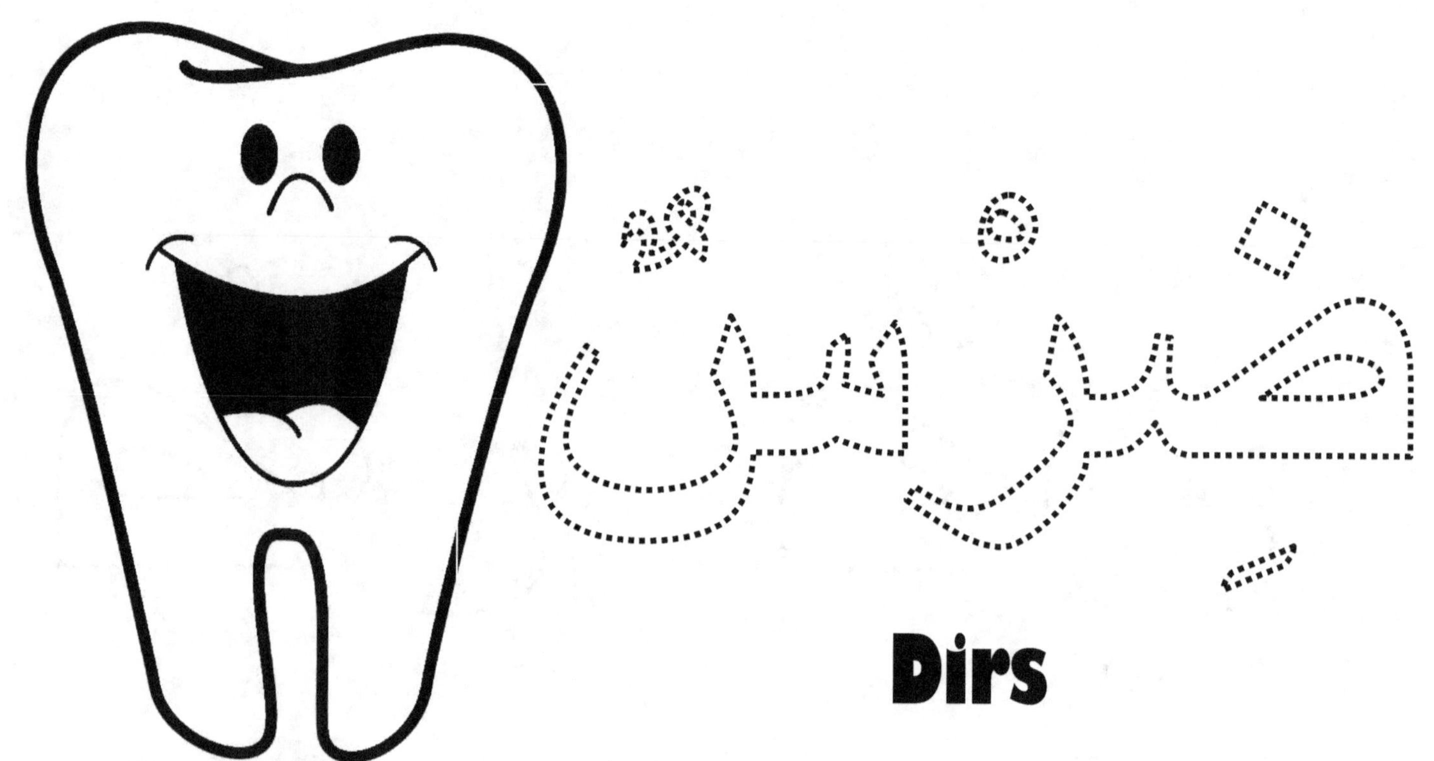

Dirs

Dawe'

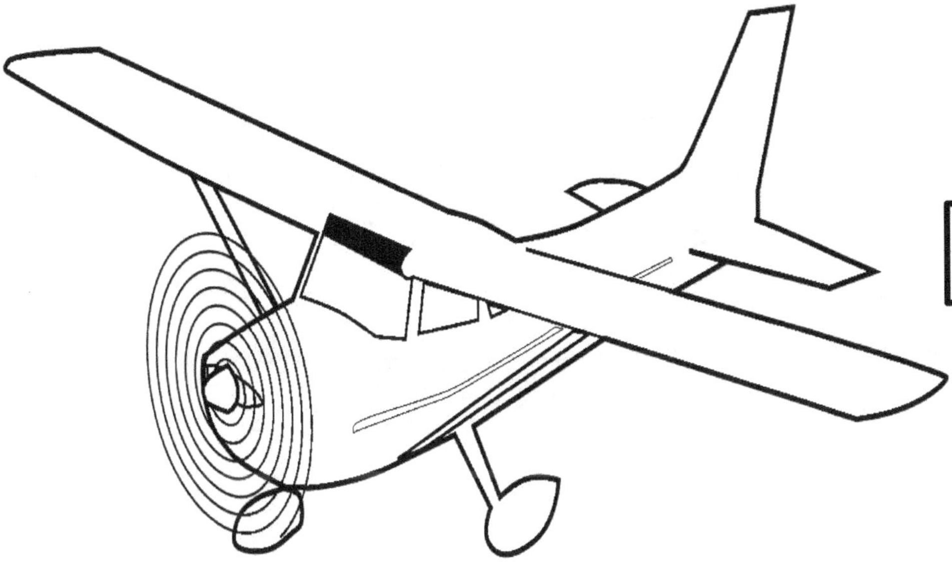

Tã'

Ta'eira

Tabib

Tifl

Tamatim

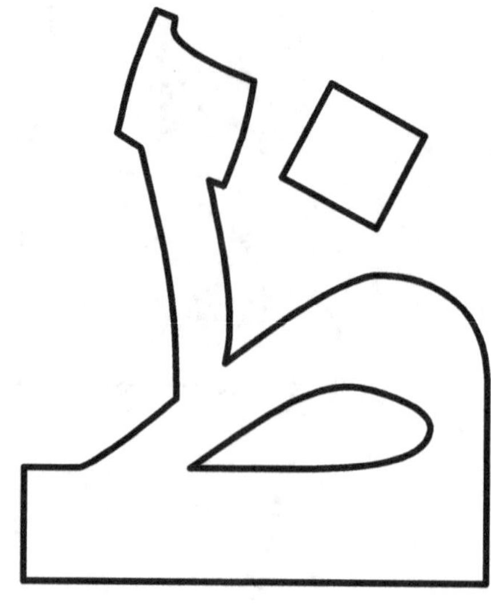

Ză'

Zaby

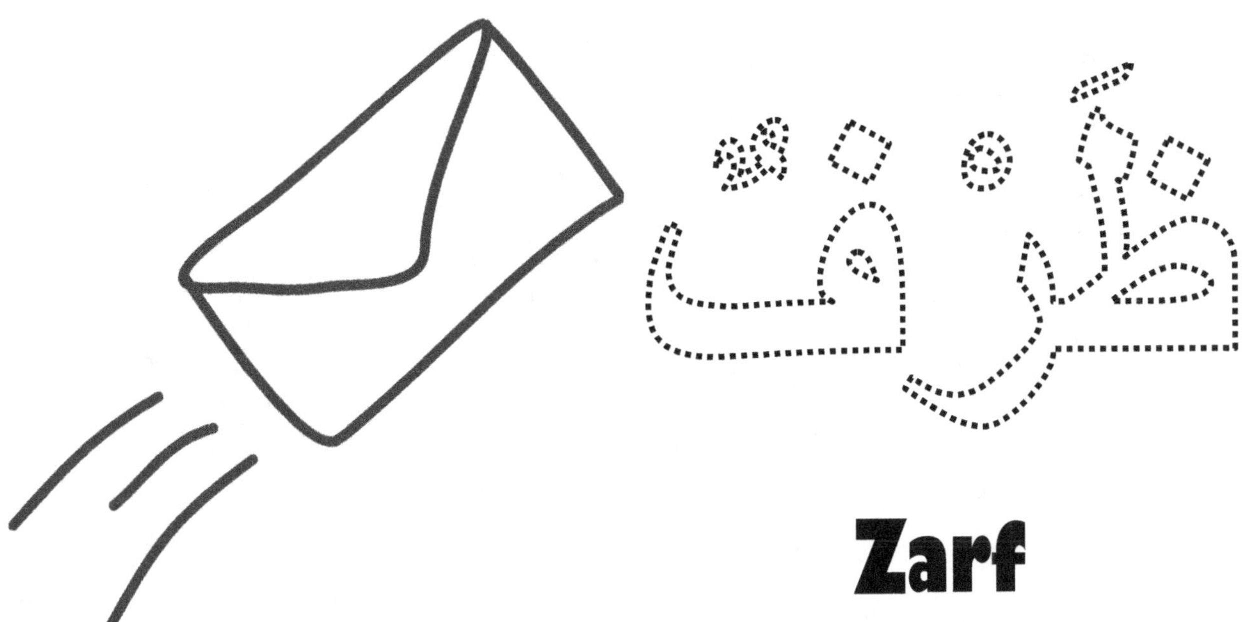

Zarf

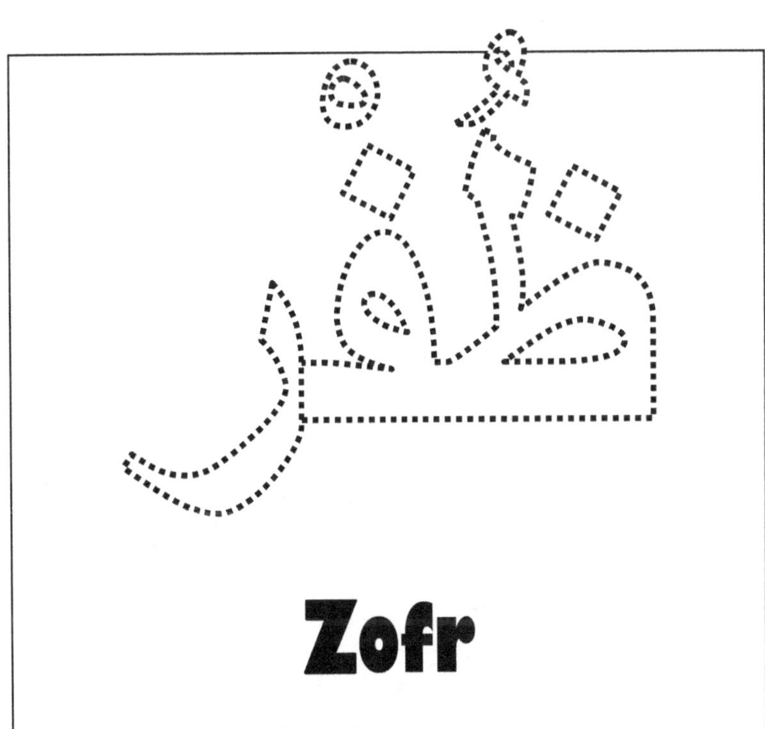

Zofr

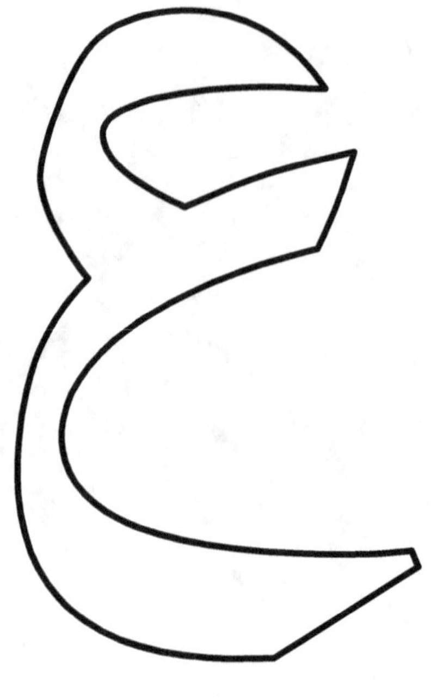

Ayn

Imara

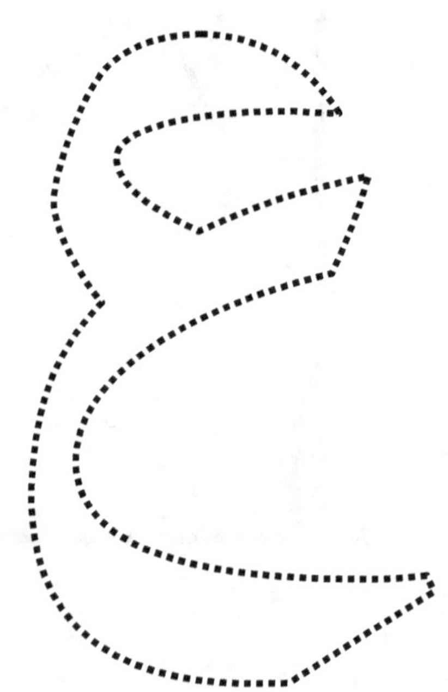

عِنَب

Inab

عُصْفُور

Osfoor

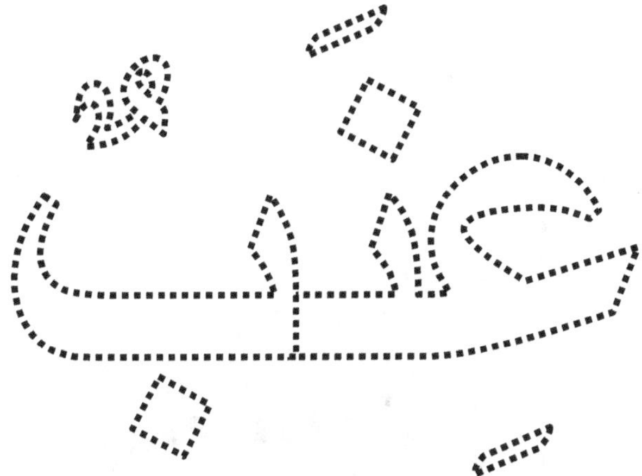

Ghayn

Ghazal

Ghayma

Ghorab

غَسَّالَة

Ghassala

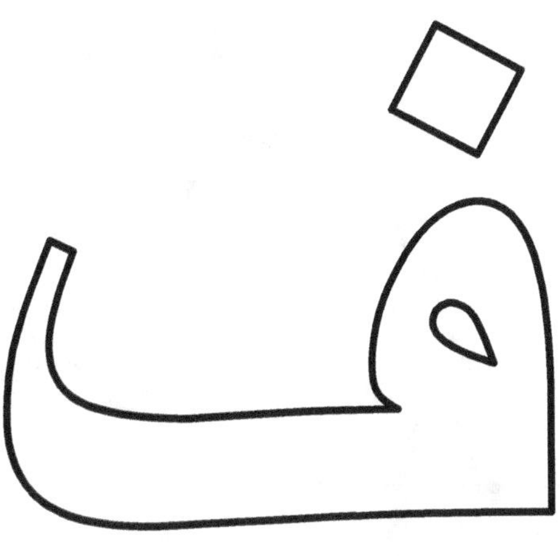

Fã'

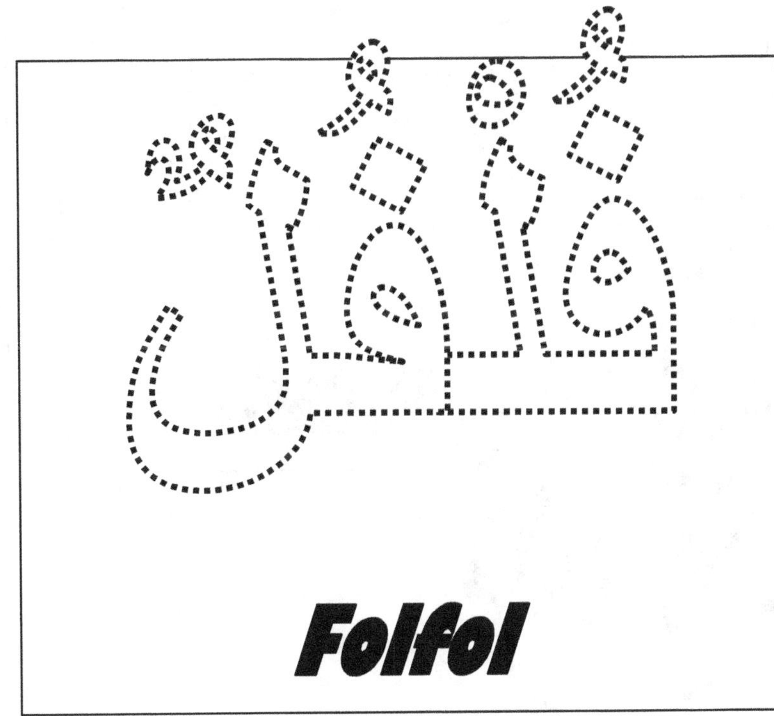

فِيل
Fill

فَلَّاح
Fallah

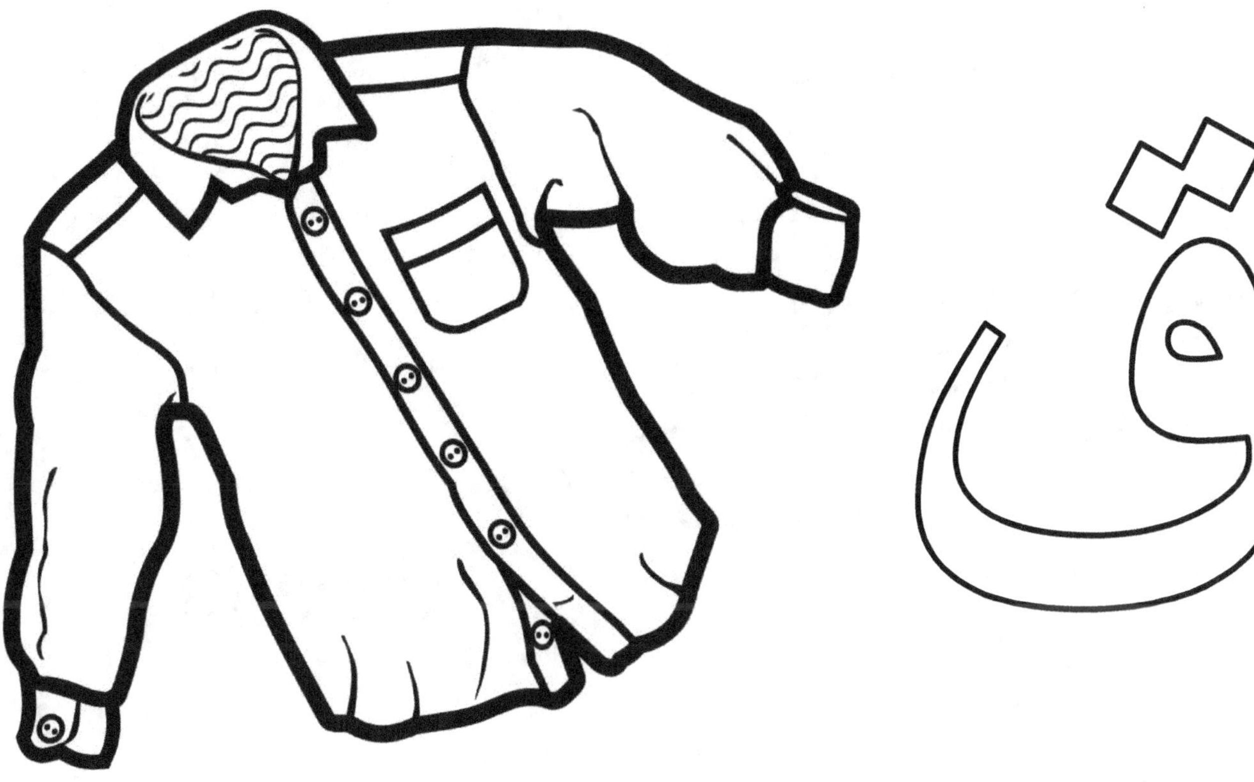

Qãf

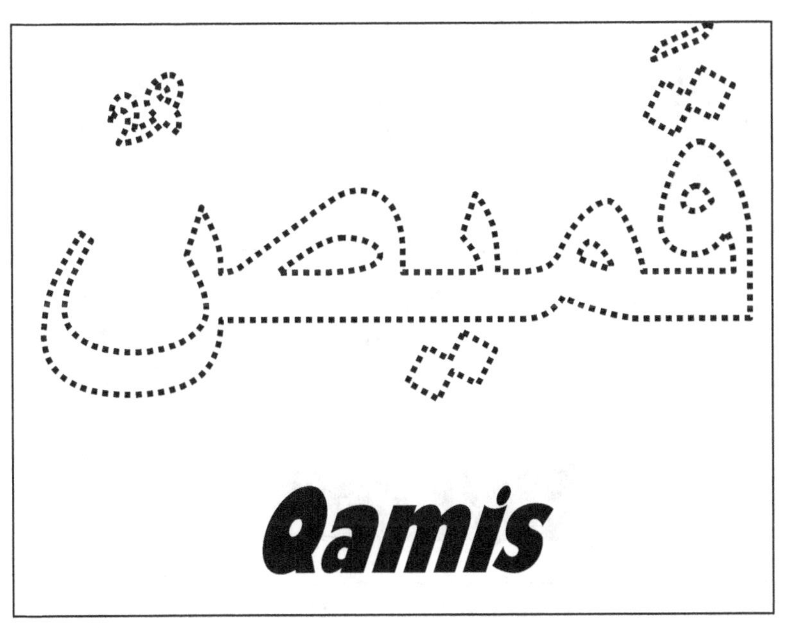

Qamis

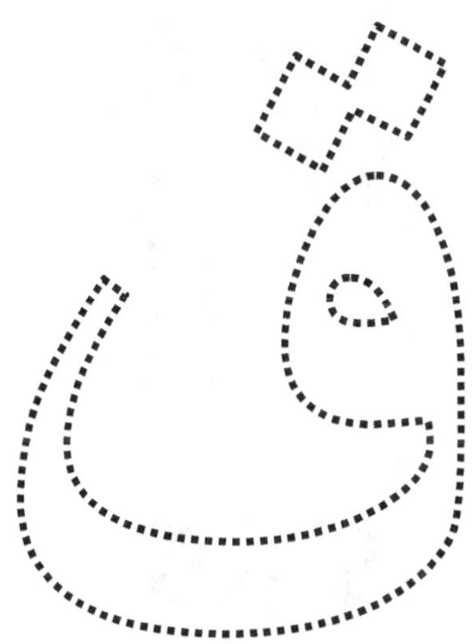

Qobaa

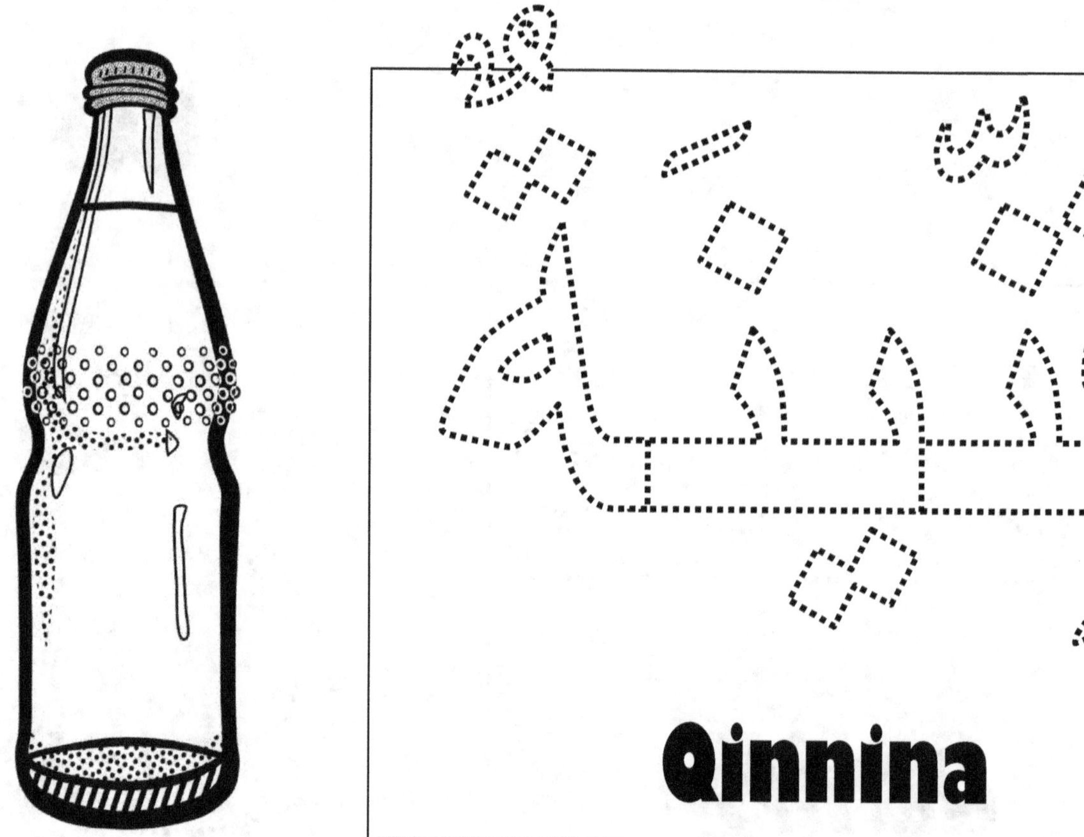

Qinnina

Qird

Kãf

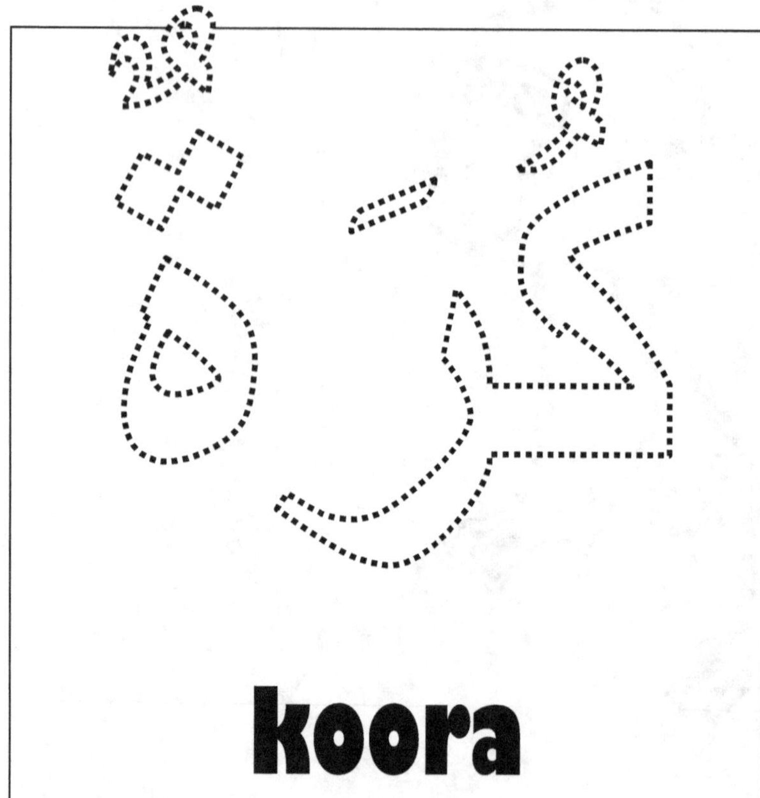

koora

Kalb

Kitab

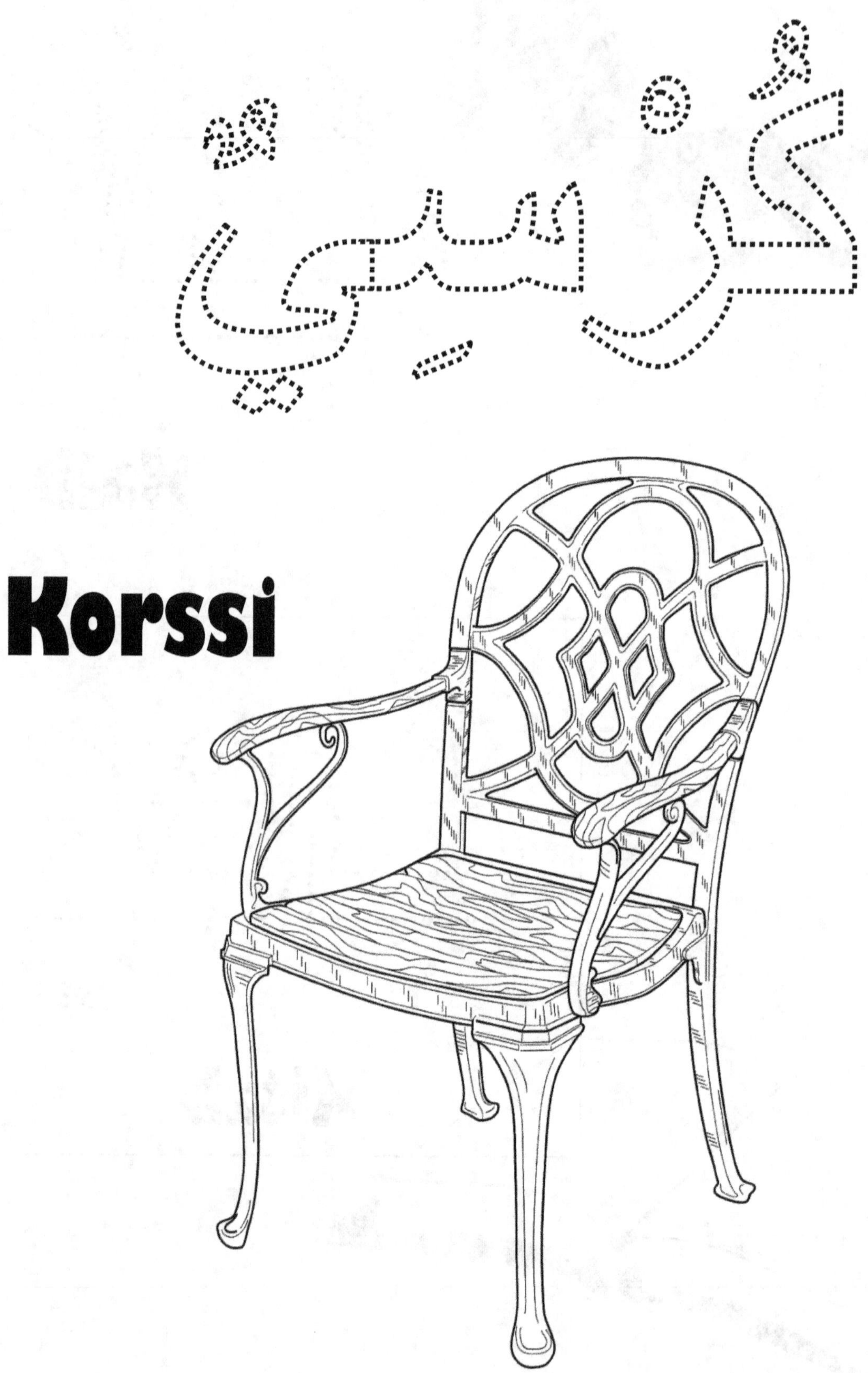

كرسي
Korssi

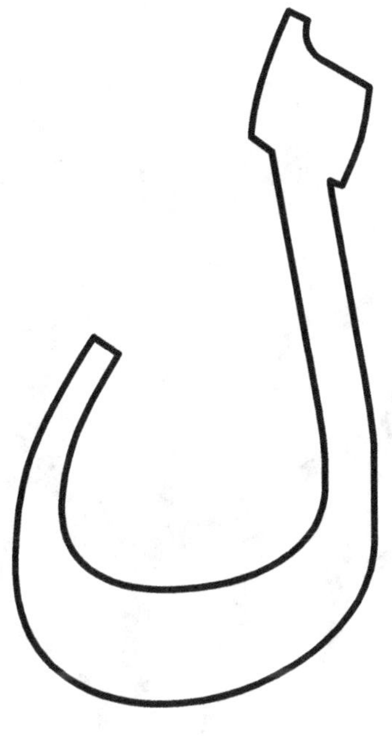

Lãm

Laqlaq

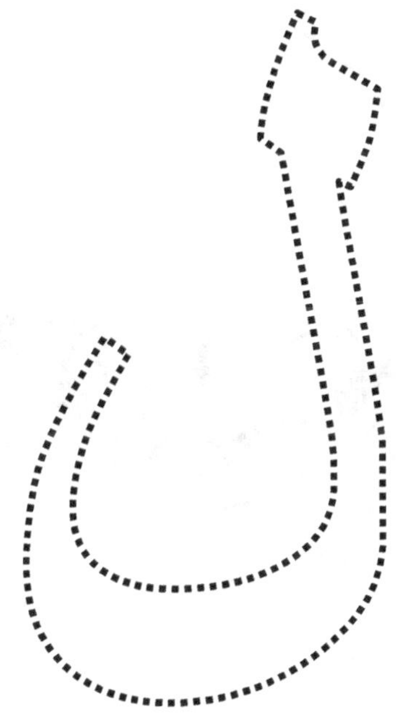

Lo'eba

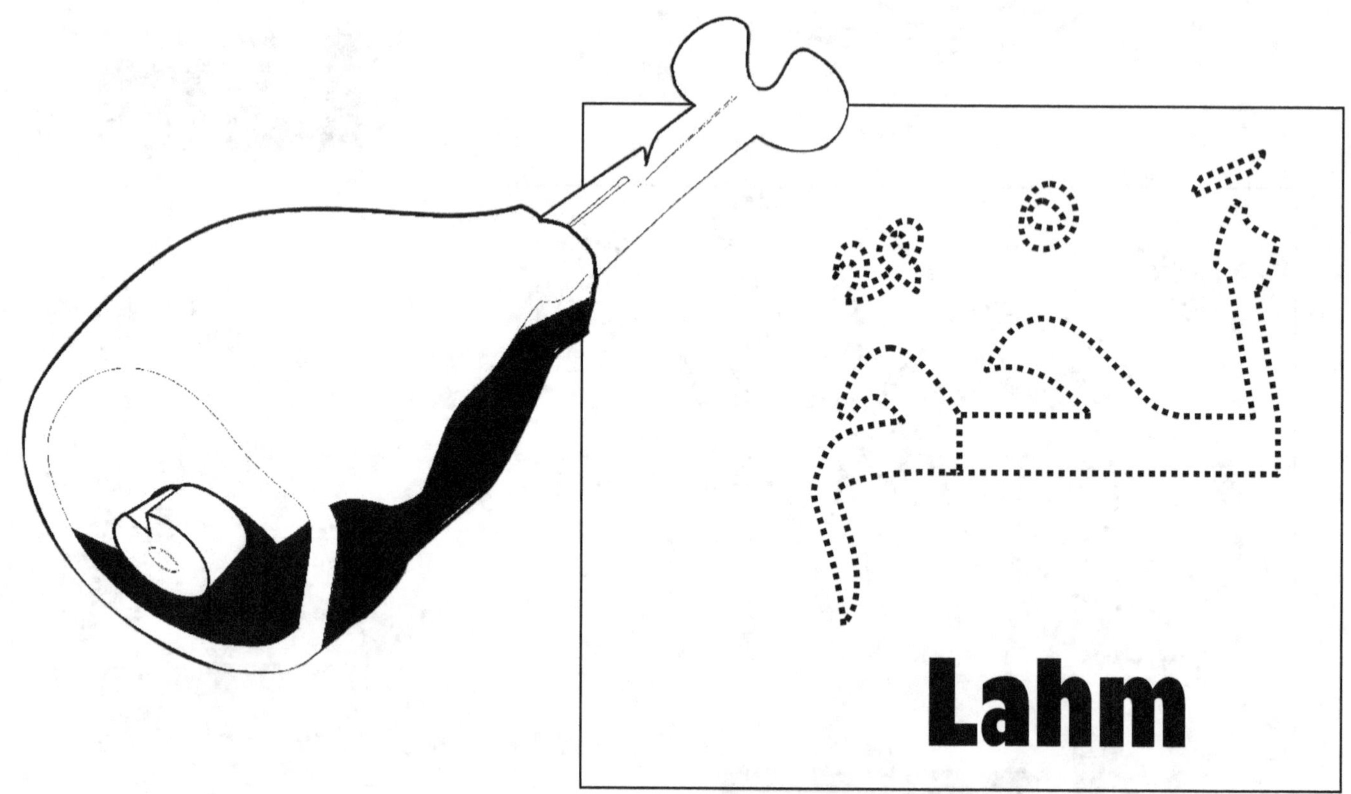

Lahm

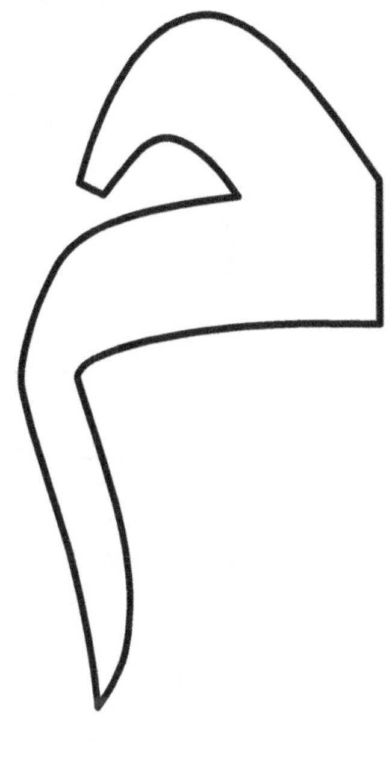

Mïm

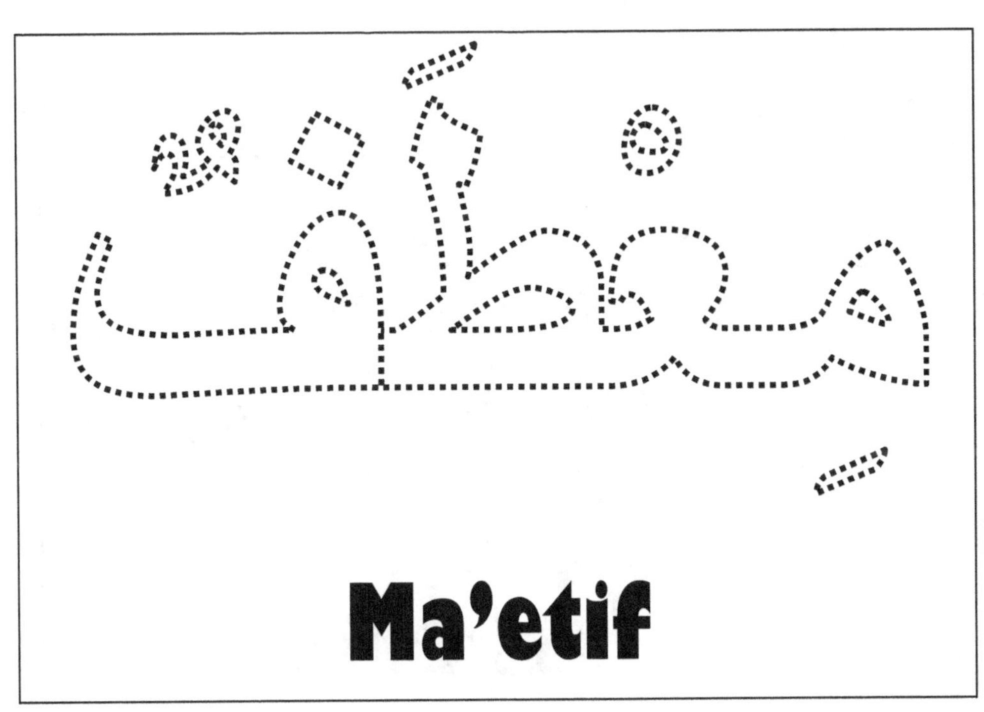

Ma'etif

Mae'

Midalla

قَالْمَلَابِسْ

Malabiss

Nun

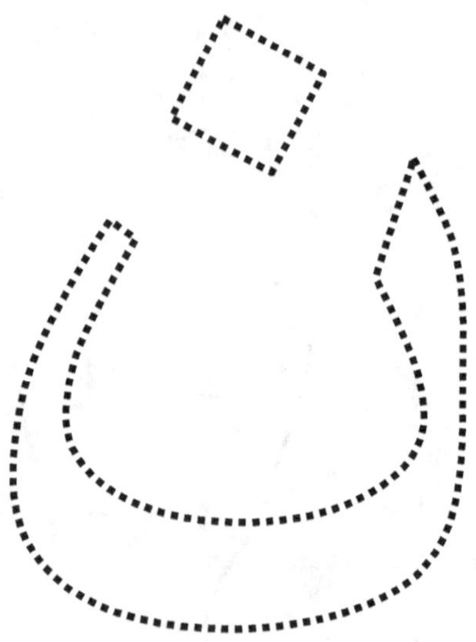

Nassr

Namla

Nakhl

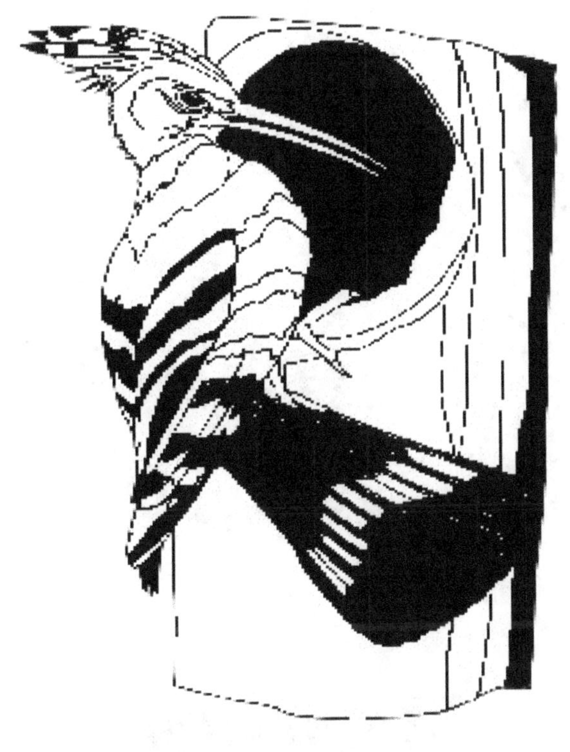

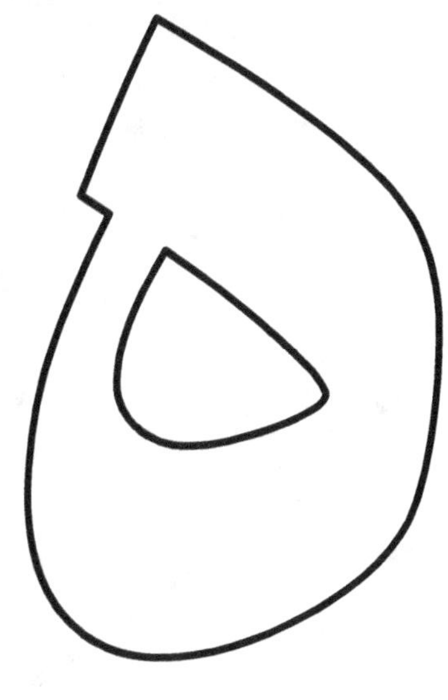

Hã'

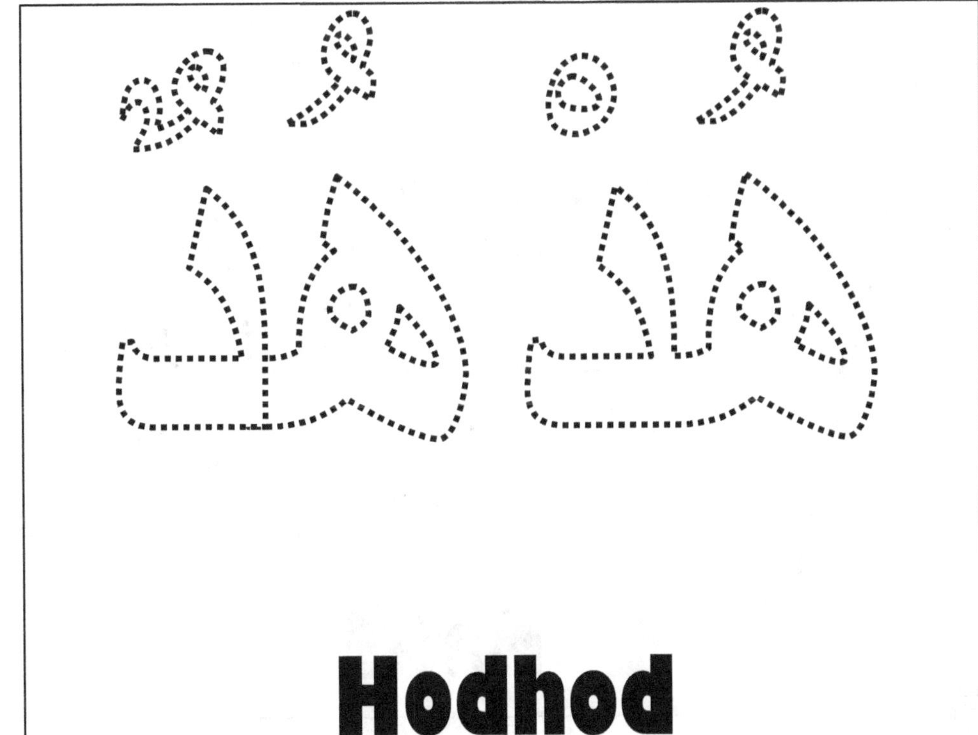

Hodhod

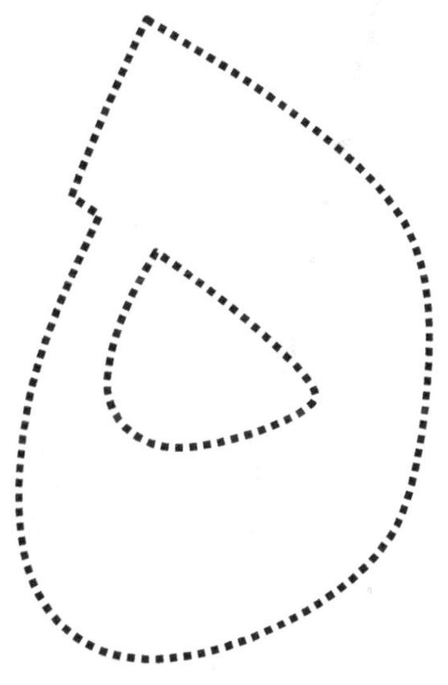

Hadiya

Hatif

Wãw

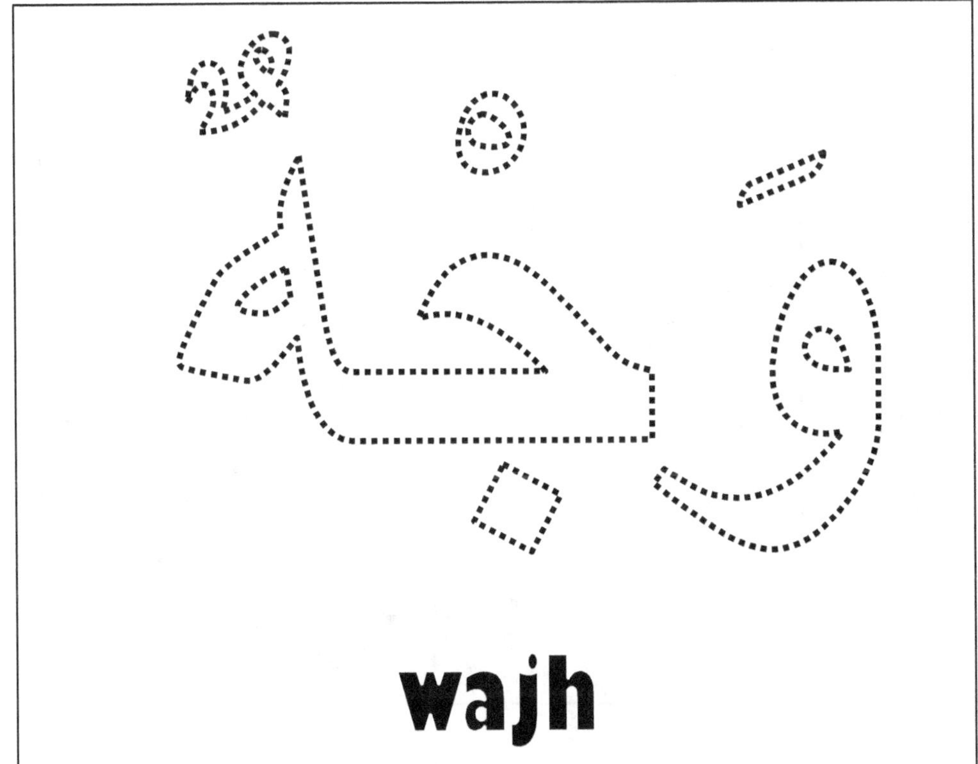

وَجْه

wajh

Warda

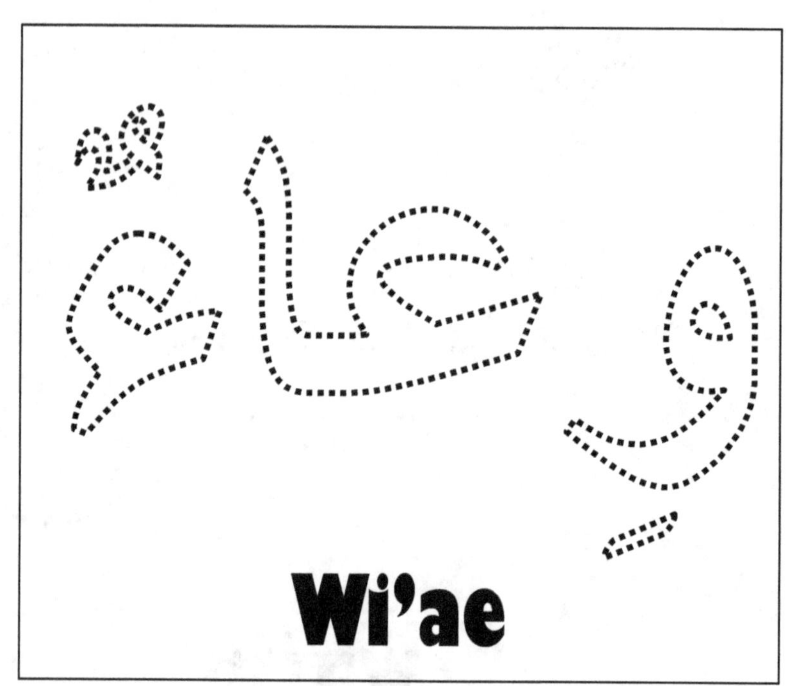

Wi'ae

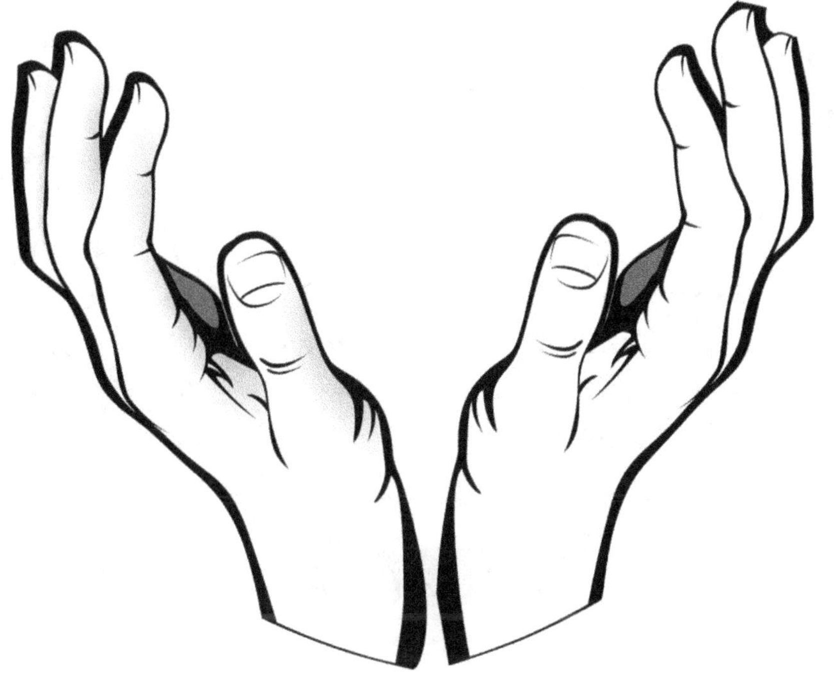

Yã'

yad

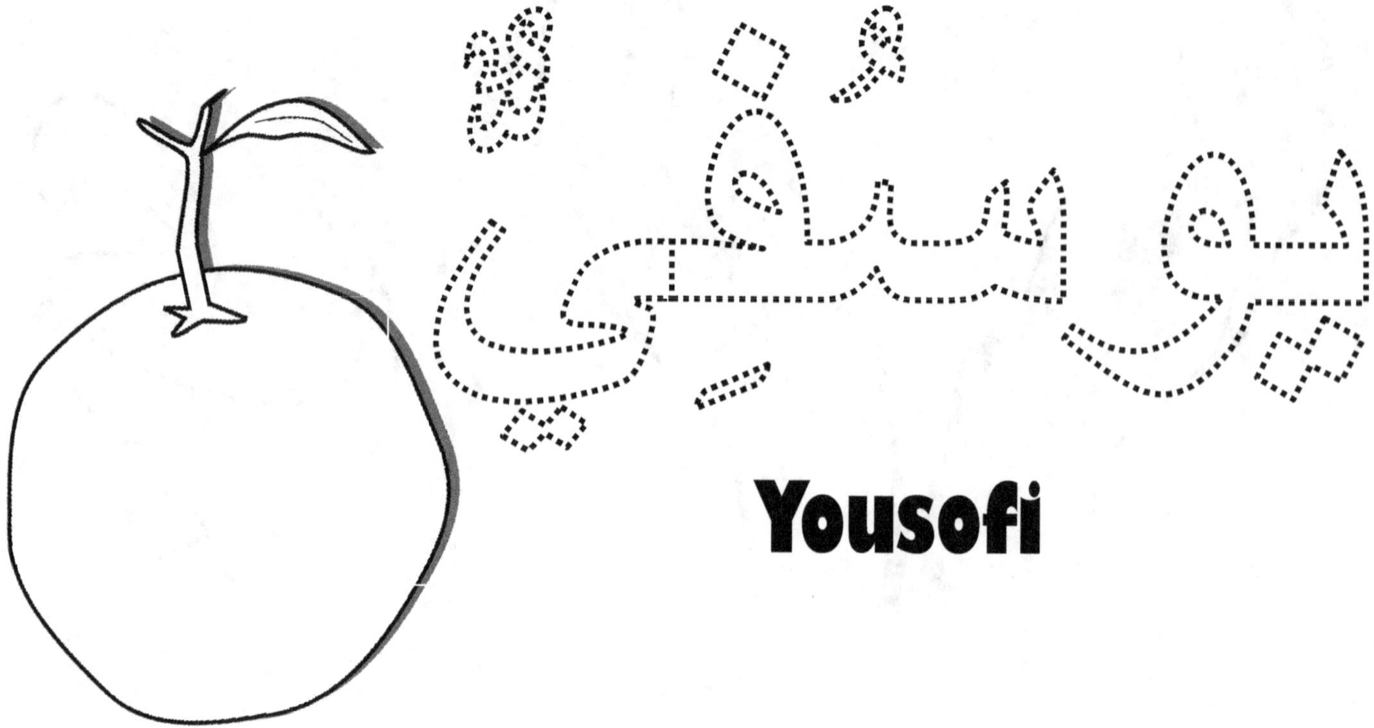

يُوسُفِي

Yousofi

يَقْطِين

Yaqtin